Maria Stens

Deutsch als Zweitsprache systematisch fördern

Artikel, Präpositionen und Nomen

Grundlegende Übungen zum Themenschwerpunkt *Zu Hause*

PERSEN

Die Autorin

Maria Stens hat Lehramt für die Primarstufe mit den Fächern Mathematik, Deutsch und Sachunterricht studiert und verfügt über eine Zusatzqualifikation „Interkulturelle Pädagogik mit „Deutsch als Zweitsprache". Sie arbeitet als Grundschullehrerin im Kreis Steinfurt und erteilt Sprachförderunterricht für Kinder mit Migrationshintergrund.

Gedruckt auf umweltbewusst gefertigtem, chlorfrei gebleichtem und alterungsbeständigem Papier.

2. Auflage 2016

Grafik: Barbara Gerth
Satz: Satzpunkt Ursula Ewert GmbH

ISBN: 978-3-403-23471-5

www.persen.de

Inhaltsverzeichnis

Vorwort

„Die Bleistift ist abgebrochen.“ „Ich möchte ein Gurke.“ „Darf ich in die Toilette?“ Sätze wie diese sagen Kinder mit Migrationshintergrund immer wieder. Stolperfallen der deutschen Sprache gibt es reichlich. Besonders schwierig für Kinder nichtdeutscher Muttersprache sind Nomen mit ihren Artikeln und Präpositionen.

Von Anfang an können und sollen Kinder in diesen Bereichen sprachlich gefördert werden. Anliegen dieses Buches ist es, den Lehrern und Kindern abwechslungsreiche und strukturierte Übungen an die Hand zu geben. Die Inhalte sind in vier Themen mit einem kindernahen Wortschatz eingeteilt. Dazu gibt es verschiedene, den Wortschatz wiederholende Aufgaben. In den jeweiligen Themen kommen die gleichen Aufgabentypen wieder vor.

Die Kapitel dieses Buches entsprechen im Aufbau im Wesentlichen dem Band: *Artikel, Präpositionen und Nomen – Grundlegende Übungen zum Themenschwerpunkt Schule.*

Wichtig ist, dass die Kinder sprechen. Deshalb gibt es eine Auswahl an Spielen, die zu jedem Thema passen und die den Kindern erfahrungsgemäß viel Spaß machen. Spielerisch können grammatische Inhalte geübt und von den Schülerinnen und Schülern auf motivierende Art und Weise geübt werden.

Ich wünsche Ihnen und Ihren Schülern viel Erfolg bei den Übungen!

Maria Stens

Didaktisch-methodische Hinweise

Die Themen dieses Buches sind:
- Rund ums Haus
- Im Haus
- Auf dem Tisch
- In der Freizeit

Bei jedem Thema gibt es verschiedene Übungen zum Wortschatz, zum bestimmten und unbestimmten Artikel, zum Artikel in der Mehrzahl und zu Präpositionen. Die Übungen werden mehrmals auf unterschiedliche Art und Weise wiederholt (anmalen, schreiben, einkreisen, ausschneiden und aufkleben ...). Die Übungsformen sind bei jedem Thema die gleichen, mit dem Wortschatz des jeweiligen Themas.

Folgende Arbeitsaufgaben gibt es zu jedem Thema:

Wortschatz
1. Farben der Begleiter nach Diktat oder lesen, Fehler-Such-Bild als Sprechanlass

Der bestimmte Begleiter
Ohne Lesen und Schreiben:
2. Rahmen anmalen
3. Einkreisen
4. Ausschneiden und aufkleben

Mit Lesen und Schreiben:
5. Lesen, einkreisen und verbinden
6. Nomen mit Begleiter schreiben
7. Begleiter und Sätze schreiben

Der unbestimmte Begleiter
8. Ohne Lesen/Schreiben: ausschneiden und aufkleben
9. Mit Lesen/Schreiben: schreiben, einkreisen
10. Mit Lesen/Schreiben: Sätze schreiben

Einzahl – Mehrzahl
11. Ohne Lesen/Schreiben: verbinden
12. Mit Lesen/Schreiben: schreiben

Präpositionen
13. Ohne Lesen/Schreiben: ausschneiden, nach Diktat hören und aufkleben
14. Mit Lesen/Schreiben: einkreisen/verbinden, schreiben
15. Mit Lesen/Schreiben: Sätze aus Satzteilen schreiben

Wortschatz
16. Übersicht für Sortierübungen, Spiele etc.

Wortschatz je Thema:

Rund ums Haus
- das Haus
- der Garten
- der Briefkasten
- die Bank
- der Baum
- das Fenster
- die Tür
- das Auto
- die Straße
- der Vater
- die Mutter
- das Kind

Im Haus
- die Blume
- die Lampe
- das Bett
- das Sofa
- der Sessel
- das Bild
- der Teppich
- der Fernseher
- das Radio
- die Oma
- der Opa
- die Kommode

Auf dem Tisch
- der Teller
- die Tasse
- das Glas
- die Banane
- der Apfel
- das Ei
- die Schokolade

- der Käse
- die Wurst
- das Brot
- der Saft
- der Kuchen

In der Freizeit

- der Laptop
- der Freund
- der Hamburger
- der Inliner
- der Roller
- die CD
- die Freundin
- die Pizza
- die Uhr
- das Eis
- das Fahrrad
- das Handy

Das Lernen der Artikel bedarf vielfältiger und häufiger Wiederholungen. Dabei sollte auch praktisch-handelndes Üben nicht zu kurz kommen. Nach Möglichkeit können die reellen Gegenstände aus der Umgebung der Kinder mit einbezogen werden, die Artikel auf Kärtchen laminiert oder Poster zum Einprägen gestaltet werden. Um den Kindern die Einteilung zu erleichtern, bekommt jeder Artikel eine bestimmte Farbe. In der Didaktik des Faches Deutsch als Fremdsprachen werden folgende Farben verwendet:

Blau: der
Rot: die
Grün: das
Gelb: die (Mehrzahl)

Die Zuordnung der Begleiter zu den Farben kann den Kindern mithilfe von Sprüchen erleichtert werden:

- **Ein blauer Punkt, das ist nicht schwer, dann heißt es „der“.**
- **Ein roter Punkt, das vergessen wir nie, dann heißt es „die“.**
- **Ein grüner Punkt – weißt du was, dann heißt es „das“.**

Spiele zum Wortschatz mit Artikel

Vergrößern Sie die Bilder vom Wortschatz und laminieren Sie die Karten. Damit haben Sie für viele Spiele das Spielmaterial. Bei größeren Gruppen, können die Spiele auch oft in Teams gespielt werden. Je nach Leistungsstand kann man mit wenigen oder vielen Karten spielen.

1. Kommando-Spiel

Um die Präpositionen zu üben, kann man gut zwischendurch das Kommandospiel als Bewegungspause spielen. Die Kinder stehen an ihrem Stuhl oder Tisch. Der Spielleiter ruft: „Kommando: Auf den Stuhl!“ und die Schülerinnen und Schüler müssen die Aufgabe so schnell es geht ausführen. Ebenso möglich sind Kommandos wie „An die Wand“, „Vor das Regal“ oder „Hinter die Tafel“ oder Quatsch-Kommandos wie „Unter die Wand“ oder „In den Stuhl“.

2. Besenspiel

Alle Kinder stehen im Kreis. Ein Kind steht in der Mitte und hält einen Besen fest. Es nennt ein Wort und einen Namen und lässt dann den Besen los. Das genannte Kind muss den fallenden Besen schnappen und den richtigen Artikel nennen, bevor der Besen auf den Boden fällt.

3. Die Zauberformel

Alle Kinder stehen im Kreis und halten sich an den Händen. Ein Kind steht außerhalb des Kreises und muss, um in den Kreis zu kommen, die „Zauberformel“ sagen. Es tippt ein Kind an, welches ein Wort (aus dem entsprechenden Wortschatz) sagt. Je nachdem was geübt wird, muss es den Artikel oder einen Satz sagen. Ist es richtig, tauschen die beiden Kinder die Plätze.

4. „Passt!“

Legen Sie die Wortschatzkarten verdeckt auf einen Stapel. Machen Sie einen zweiten Kartenstapel, auf denen jeweils ein bestimmter Artikel steht oder der entsprechende farbige Artikelpunkt. Beide Stapel liegen in der Kreismitte. Decken Sie von jedem Stapel die oberste Karte auf. Passen Artikel und Wort zusammen, rufen die Kinder „Passt!“. Wer zuerst gerufen hat, darf Artikel und Wort benennen. Ist das richtig, darf es das Kartenpaar behalten. Wer die meisten Paare hat, hat gewonnen.

5. Schnapp-Spiel

Legen Sie alle Wortkarten offen in die Kreismitte. Der Spielleiter sagt eines der Wörter. Die Kinder suchen das Wort und klatschen mit der Hand auf die Karte. Wer zuerst die Karte gefunden hat, darf das Wort mit Artikel nennen. Ist es richtig, behält es die Karte. Wer die meisten Karten hat, hat gewonnen. Sehr beliebt ist dieses Spiel auch mit der Verwendung von „Fliegenklatschen“.

6. Die verflixte 6

Ziehen Sie eine Wortkarte (z. B. Garten). Ein Kind würfelt und löst die entsprechende Aufgabe. Es würfelt und sammelt solange Punkte, wie es möchte und den Würfel an das nächste Kind weitergibt. Würfelt es eine 6, gehen alle Punkte verloren und das nächste Kind ist an der Reihe.

1 = einen Punkt bekommen

2 = bestimmten Artikel nennen („der Garten“)

3 = unbestimmten Artikel nennen („ein Garten“)

4 = mit dem Wort einen korrekten Satz bilden („Der Garten ist groß.“)

5 = einen Satz mit dem Wort und einer Präposition bilden („In dem Garten steht ein Baum.“)

6 = alle Punkte gehen verloren

7. Karten im Kreis

Legen Sie alle Wortkarten aufgedeckt in einen Kreis. Jedes Kind bekommt eine Spielfigur und stellt sie auf eine Karte. Wer an der Reihe ist, würfelt und setzt seine Spielfigur in eine Richtung weiter. Wenn das Kind das Wort mit Artikel sagen kann, bekommt es die Karte.

8. Begleiter-Würfeln

(Spielmaterial = Übersicht Wortschatz) Jeder Mitspieler bekommt einen Spielplan vom Wortschatz (auf DIN-A5 verkleinert), einen Würfel und Spielplättchen. Reihum wird gewürfelt. Je nach gewürfelter Zahl wird ein Spielplättchen auf ein Bild mit entsprechendem Begleiter gelegt. Wer zuerst seinen Spielplan voll hat, hat gewonnen.

Wo? Präpositionen in Bildern

Rund ums Haus

Was fehlt auf dem zweiten Bild? Kreuze an.

○ 
die Tür

○ 
der Vater

○ 
das Haus

○ 
das Kind

○ 
die Mutter

○ 
der Baum

○ 
der Briefkasten

○ 
die Straße

○ 
das Auto

○ 
die Bank

○ 
der Garten

○ 
das Fenster

Male die Rahmen in den richtigen Farben an:

blau: der rot: die grün: das

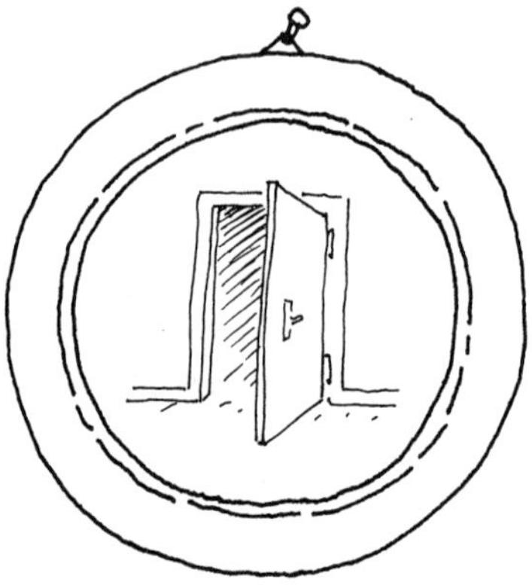

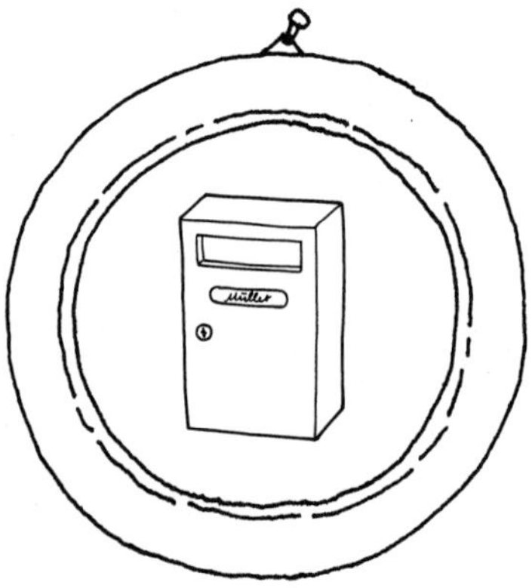

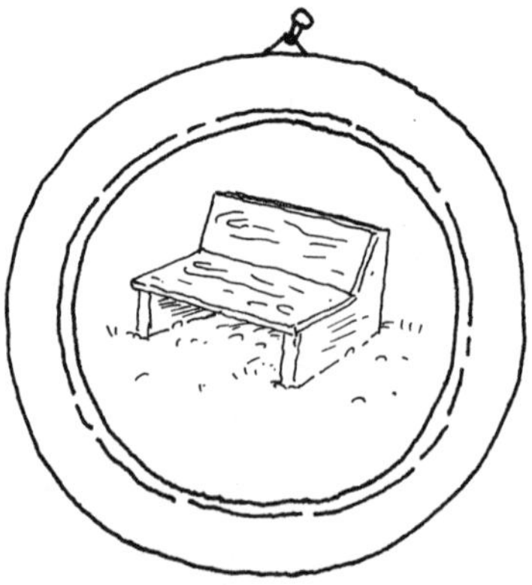

Kreise die Bilder in den richtigen Farben ein:

blau: der   rot: die   grün: das

 Male die Gesichter in den Häusern in den Farben an: blau: (der) rot: (die) grün: (das)

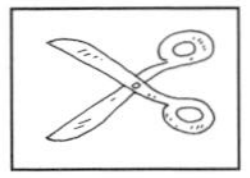 Schneide die Bilder aus.  Klebe jedes in das richtige Haus.

Kreise den richtigen Begleiter ein. der die das

der die das 	der die das 	der die das 
der die das 	der die das 	der die das 
der die das 	der die das 	der die das 
der die das 	der die das 	der die das 

Verbinde die Bilder mit dem richtigen Begleiter.

der

die

das

Male den Punkt in der richtigen Farbe an:

blau: (der) rot: (die) grün: (das)

Schreibe das Wort mit dem richtigen Begleiter.

Vater ◯  ______________________

Briefkasten ◯  ______________________

Mutter ◯  ______________________

Haus ◯  ______________________

Kind ◯  ______________________

Garten ◯  ______________________

Bank ◯  ______________________

Baum ◯  ______________________

Straße ◯  ______________________

Fenster ◯  ______________________

Tür ◯  ______________________

Auto ◯  ______________________

Male den Punkt in der richtigen Farbe an:

blau: (der) rot: (die) grün: (das)

Schreibe den richtigen Begleiter.

______ ◯  ______ ◯  ______ ◯ 

______ ◯  ______ ◯  ______ ◯ 

______ ◯  ______ ◯  ______ ◯ 

______ ◯  ______ ◯  ______ ◯ 

Male 6 Bilder an.

Schreibe zu jedem dieser Bilder einen Satz.

Beispiel: Die Tür ist rot.

____

____

____

____

____

____

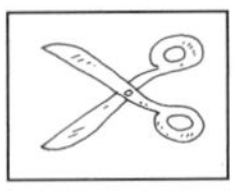

Schneide die Bilder aus.

Klebe sie in den richtigen Turm.

○ der → ○ ein	
○ die → ○ eine	
○ das → ○ ein	

Male den Punkt in der richtigen Farbe an:

blau: (der)   rot: (die)   grün: (das)

Schreibe den bestimmten und unbestimmten Begleiter auf.

______ ______	○		______ ______	○		______ ______	○	
______ ______	○		______ ______	○		______ ______	○	
______ ______	○		______ ______	○		______ ______	○	
______ ______	○		______ ______	○		______ ______	○	

Kreise den richtigen Begleiter ein.

ein eine		ein eine		ein eine	
ein eine		ein eine		ein eine	
ein eine		ein eine		ein eine	
ein eine		ein eine		ein eine	

Was ist das? Schreibe wie im Beispiel.

Das ist eine Mutter.

Gib jedem Begleiter seine Farbe:

blau: **der**, rot: **die**, grün: **das** und gelb: **die**

○ der → ○ die
○ die → ○ die
○ das → ○ die

Verbinde Einzahl und Mehrzahl.

Gib jedem Begleiter seine Farbe: (gelb) **die**

Schreibe die Mehrzahl mit dem Begleiter auf.

○ der → ○ die	
○ die → ○ die	
○ das → ○ die	

Häuser – Gärten – Väter – Fenster – Mütter – Kinder – Briefkästen – Bänke – Türen – Straßen – Autos – Bäume

○ 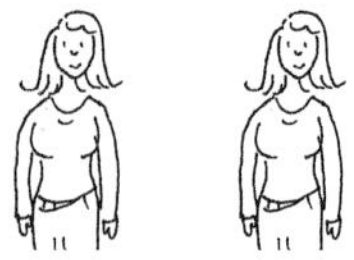 ______________________________

○  ______________________________

○  ______________________________

○  ______________________________

○  ______________________________

○  ______________________________

○ 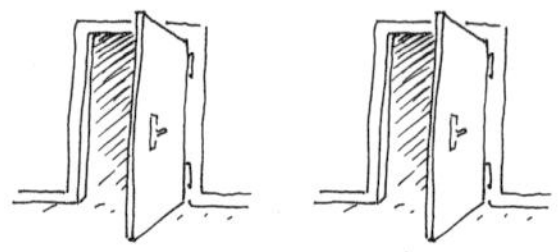 ______________________________

○  ______________________________

○  ______________________________

○  ______________________________

○  ______________________________

○ 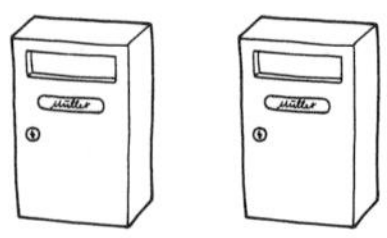 ______________________________

Wo? – Wo? – Wo ist der Floh?

___ ___ ___ ___

___ ___ ___ ___

vor
unter
hinter
in
zwischen
an
auf
neben

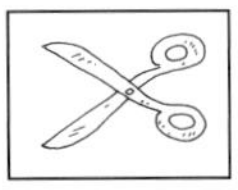 **Schneide die Bilder aus. Hör genau: Lege die Bilder an die richtige Stelle.**  **Klebe auf.**

Wo ist das Kind? Kreise ein.

neben zwischen unter		in zwischen vor		unter auf vor	
hinter unter auf		vor an in		an neben hinter	
neben hinter in		vor unter an			

Wo sind die Dinge oder Personen? Schreibe.

	______		______		______	
	______		______		______	
	______		______		______	
	______		______		______	
	______		______		______	

Schreibe Sätze mit den Satzteilen.

Das Der Die	Kind Auto Baum Straße Garten Haus Mutter Bank Fenster Vater	liegt steht sitzt ist	auf unter hinter vor an in zwischen neben	der Straße. dem Haus. dem Fenster. der Bank. dem Kind. der Mutter. der Tür. dem Auto. dem Garten. dem Baum.

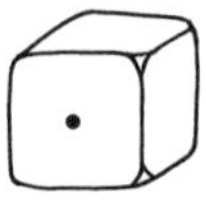 der	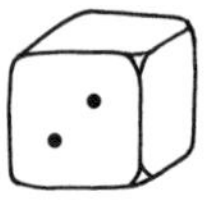 der	 das	 das	 die	 die

Im Haus

Was fehlt auf dem zweiten Bild? Kreuze an.

○ 
die Lampe

○ 
der Sessel

○ 
das Radio

○ 
das Bett

○ 
die Kommode

○ 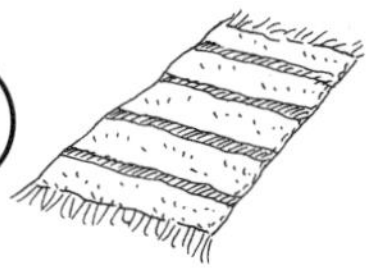
der Teppich

○ 
der Opa

○ 
die Blume

○ 
das Bild

○ 
die Oma

○ 
der Fernseher

○ 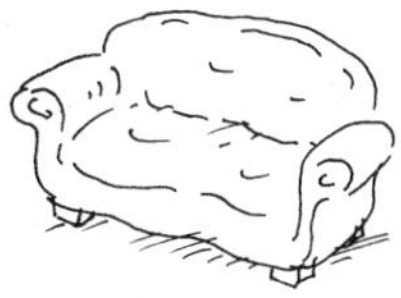
das Sofa

Male die Rahmen in den richtigen Farben an:

blau: der rot: die grün: das

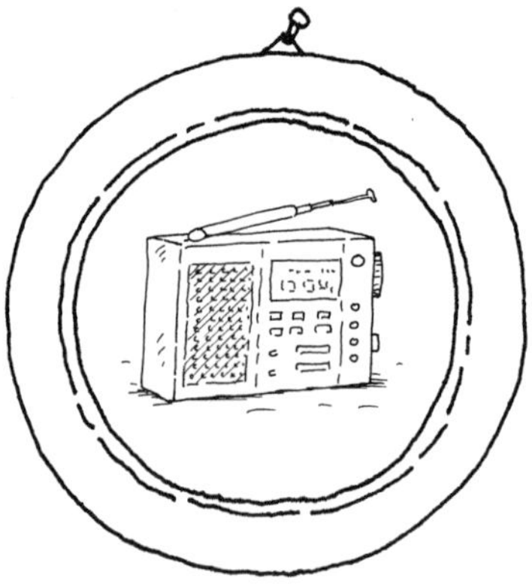
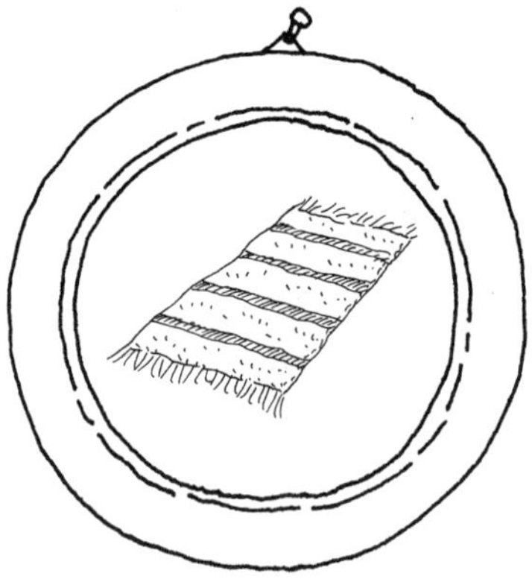

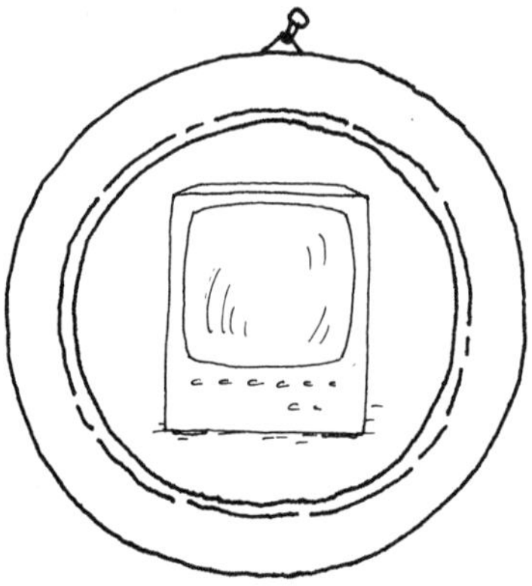
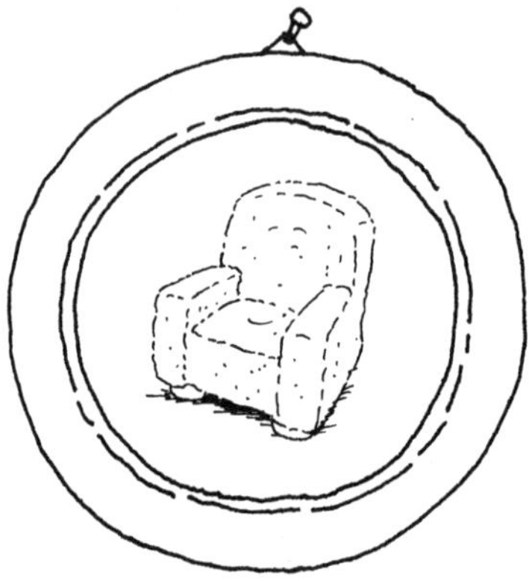
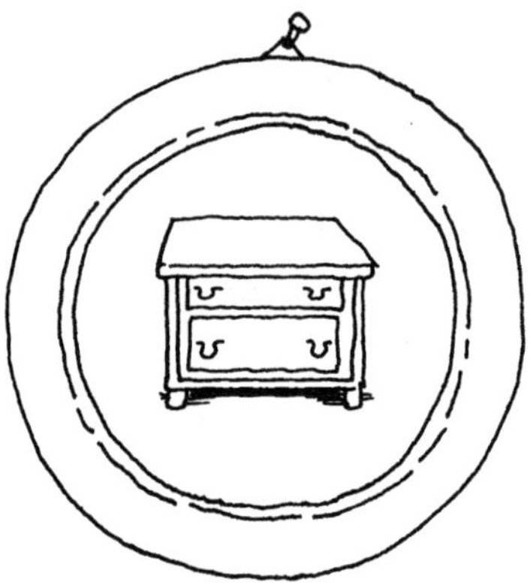
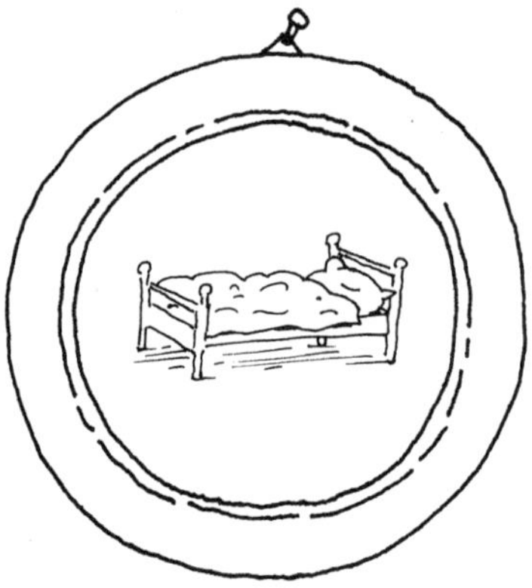

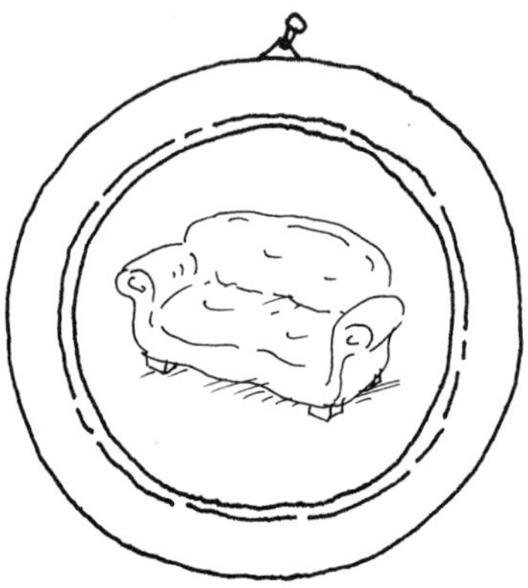

Kreise die Bilder in den richtigen Farben ein:

blau: der rot: die grün: das

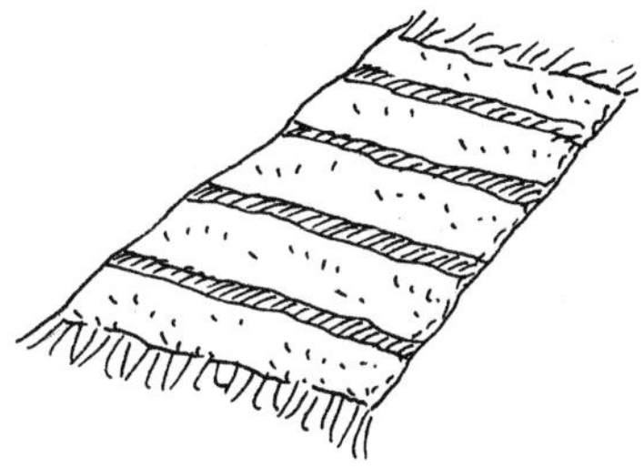

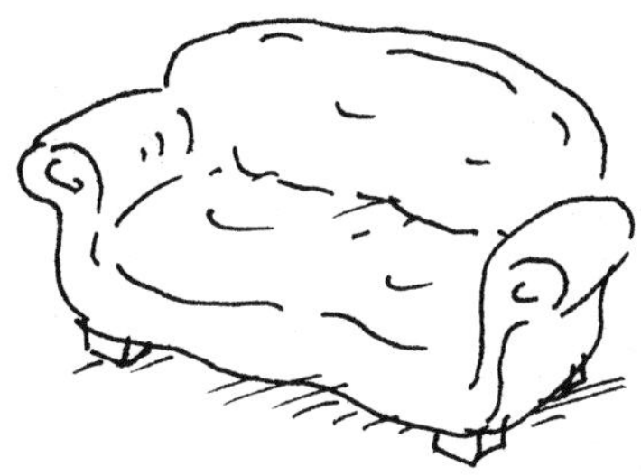

 Male die Gesichter in den Häusern in den Farben an: blau: der rot: die grün: das

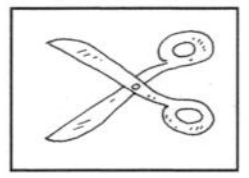 Schneide die Bilder aus.  Klebe jedes in das richtige Haus.

Kreise den richtigen Begleiter ein. **der** **die** **das**

der die das 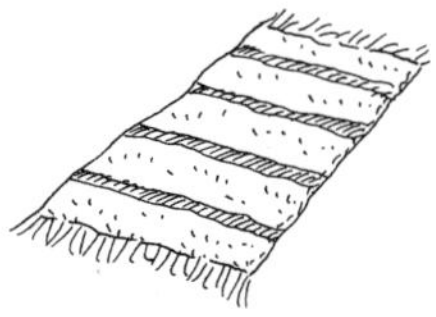	der die das 	der die das 
der die das 	der die das 	der die das 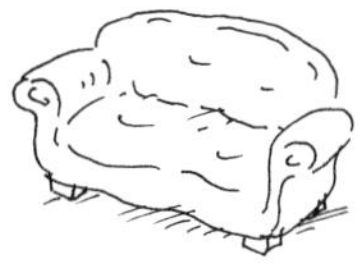
der die das 	der die das 	der die das 
der die das 	der die das 	der die das 

Verbinde die Bilder mit dem richtigen Begleiter.

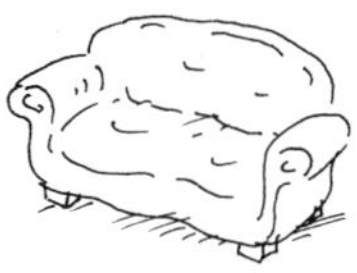

der

die

das

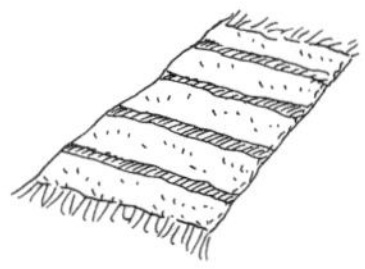

Male den Punkt in der richtigen Farbe an:

blau: (der) rot: (die) grün: (das)

Schreibe das Wort mit dem richtigen Begleiter.

Sessel ◯  ______________________

Opa ◯  ______________________

Kommode ◯  ______________________

Radio ◯  ______________________

Bett ◯  ______________________

Fernseher ◯  ______________________

Oma ◯  ______________________

Teppich ◯ 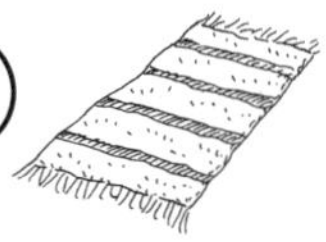 ______________________

Blume ◯  ______________________

Sofa ◯ 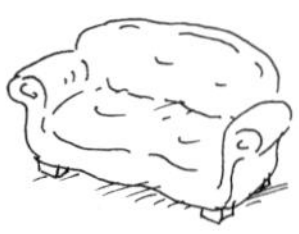 ______________________

Lampe ◯  ______________________

Bild ◯  ______________________

Male den Punkt in der richtigen Farbe an:

blau: (der)   rot: (die)   grün: (das)

Schreibe den richtigen Begleiter.

________ ◯    ________ ◯    ________ ◯ 

________ ◯ 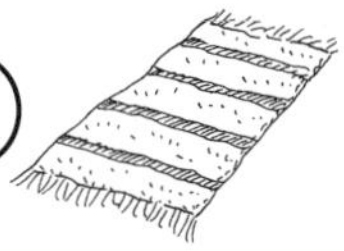   ________ ◯    ________ ◯ 

________ ◯ 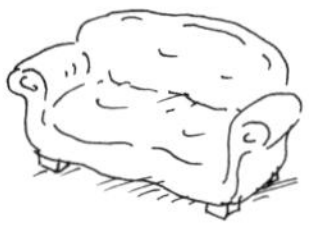   ________ ◯    ________ ◯ 

________ ◯    ________ ◯    ________ ◯ 

Male 6 Bilder an.

Schreibe zu jedem dieser Bilder einen Satz.

Beispiel: Die Blume ist rot.

____

____

____

____

____

____

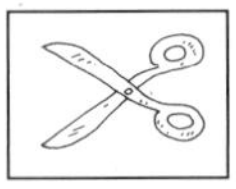

Schneide die Bilder aus.

Klebe sie in den richtigen Turm.

○ der → ○ ein	
○ die → ○ eine	
○ das → ○ ein	

Male den Punkt in der richtigen Farbe an:

blau: (der) rot: (die) grün: (das)

Schreibe den bestimmten und unbestimmten Begleiter auf.

_______ ○ 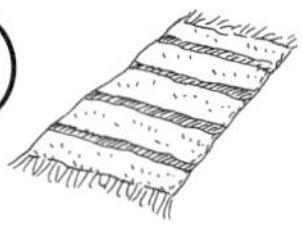 _______ ○  _______ ○ 

_______ ○  _______ ○  _______ ○ 

_______ ○  _______ ○  _______ ○ 

_______ ○  _______ ○  _______ ○ 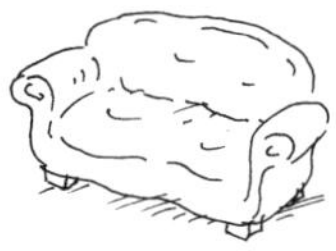

Kreise den richtigen Begleiter ein.

ein eine 	ein eine 	ein eine 
ein eine 	ein eine 	ein eine 
ein eine 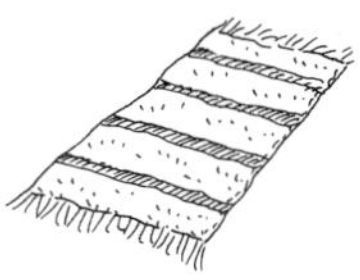	ein eine 	ein eine 
ein eine 	ein eine 	ein eine 

Was ist das? Schreibe wie im Beispiel.

Das ist eine Kommode.

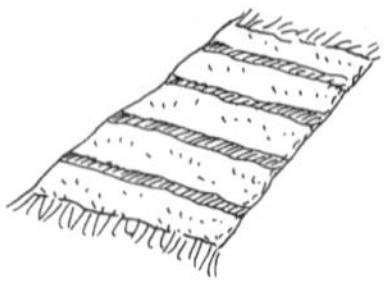

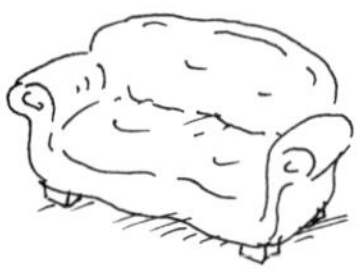

Gib jedem Begleiter seine Farbe:

(der) blau (die) rot (das) grün und (die) gelb

○ der → ○ die
○ die → ○ die
○ das → ○ die

Verbinde Einzahl und Mehrzahl.

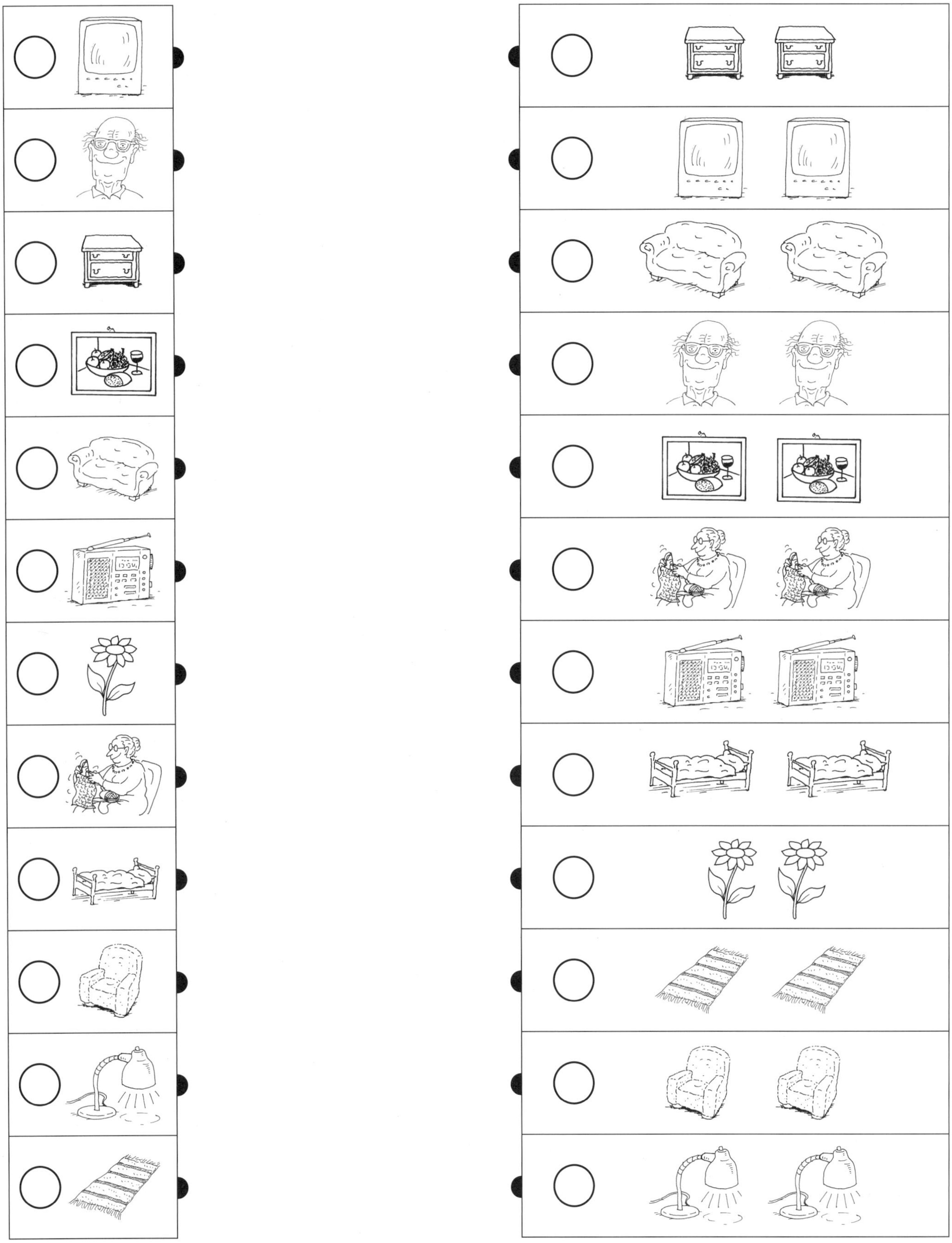

Gib jedem Begleiter seine Farbe: (die) gelb

Schreibe die Mehrzahl mit dem Begleiter auf.

○ der → ○ die
○ die → ○ die
○ das → ○ die

Radios – Fernseher – Sessel – Sofas – Kommoden – Betten –
Opas – Omas – Lampen – Blumen – Bilder – Teppiche

○  ____________________

○  ____________________

○  ____________________

○ 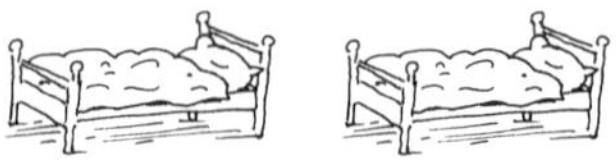 ____________________

○  ____________________

○  ____________________

○  ____________________

○ 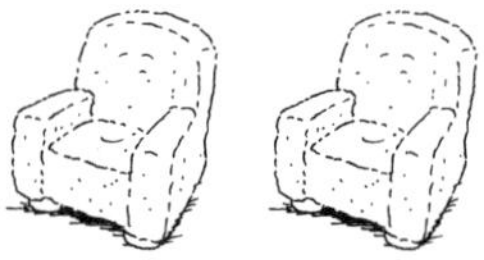 ____________________

○ 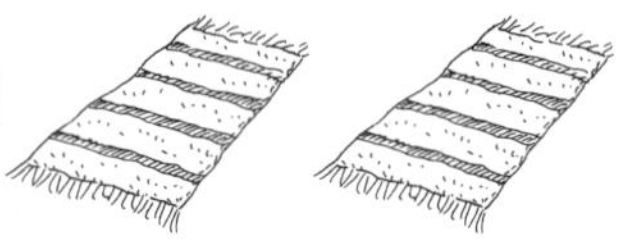 ____________________

○  ____________________

○ 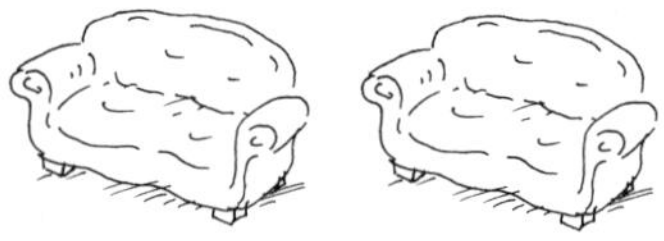 ____________________

○  ____________________

Wo? – Wo? – Wo ist der Floh?

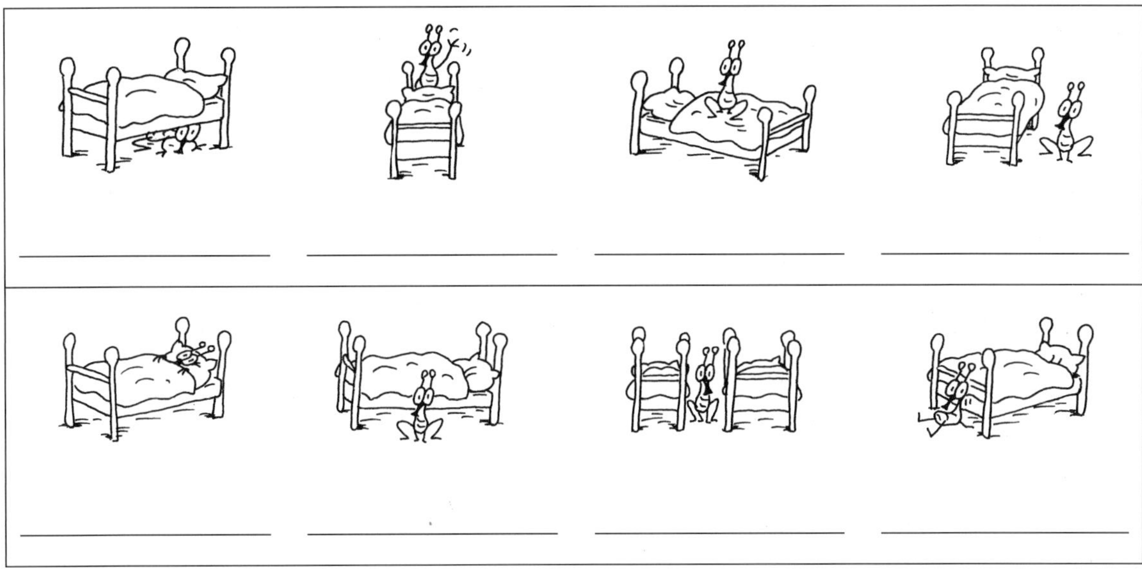

vor
unter
hinter
in
zwischen
an
auf
neben

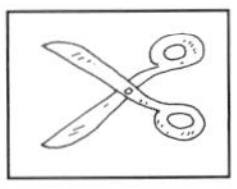

Schneide die Bilder aus. Hör genau: Lege die Bilder an die richtige Stelle.

Klebe auf.

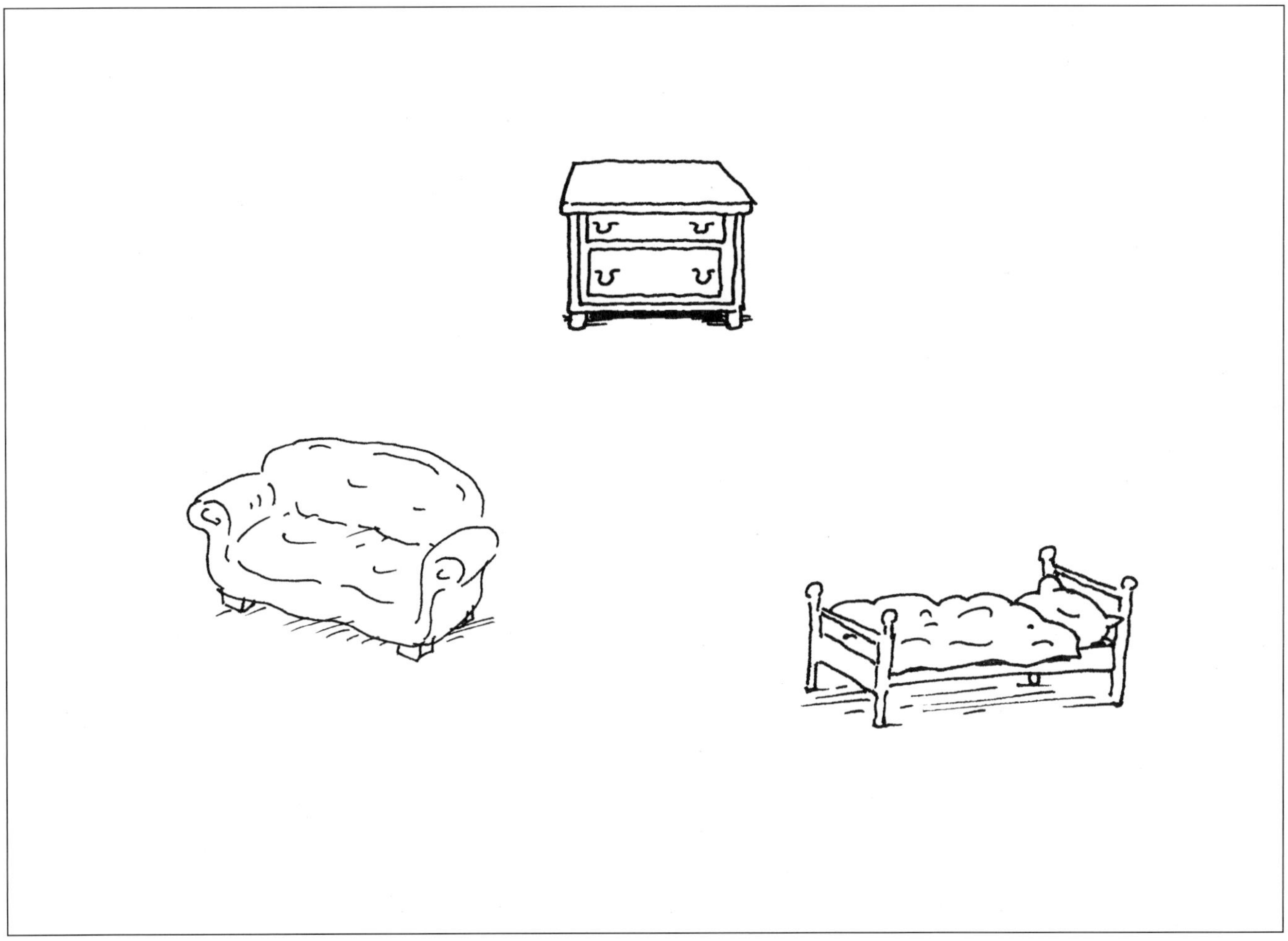

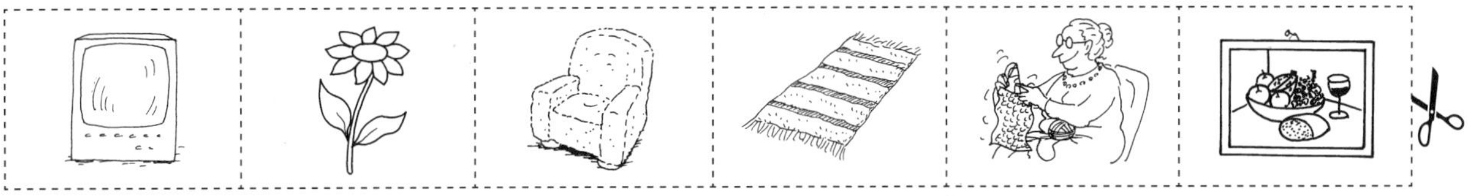

Wo ist die Oma? Kreise ein.

neben zwischen an		in zwischen vor		unter auf vor	
hinter unter auf		vor an in		an neben hinter	
neben hinter in		vor unter zwischen			

Wo sind die Dinge? Schreibe.

	______________ 	______________ 	______________ 
	______________ 	______________ 	______________ 
	______________ 	______________ 	______________ 
	______________ 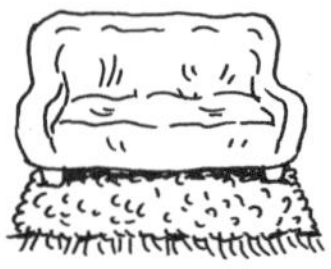	______________ 	______________ 
	______________ 	______________ 	______________ 

Schreibe Sätze mit den Satzteilen.

Das Der Die	Lampe Bild Teppich Blume Fernseher Radio Kommode Oma Bett Sessel	liegt steht sitzt ist	auf unter hinter vor an in zwischen neben	der Blume. dem Radio. dem Sessel. der Oma. dem Bett. der Kommode. der Lampe. dem Bild. dem Fernseher. dem Teppich.

Wortschatz: Im Haus

	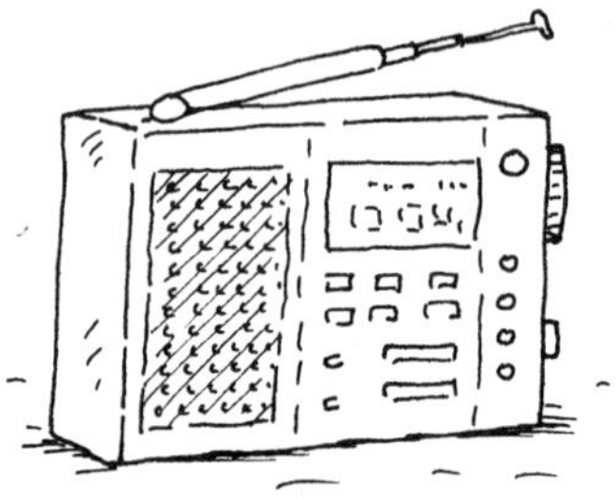	

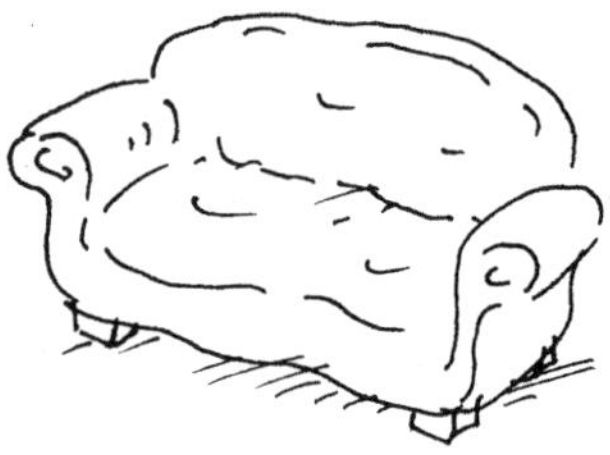		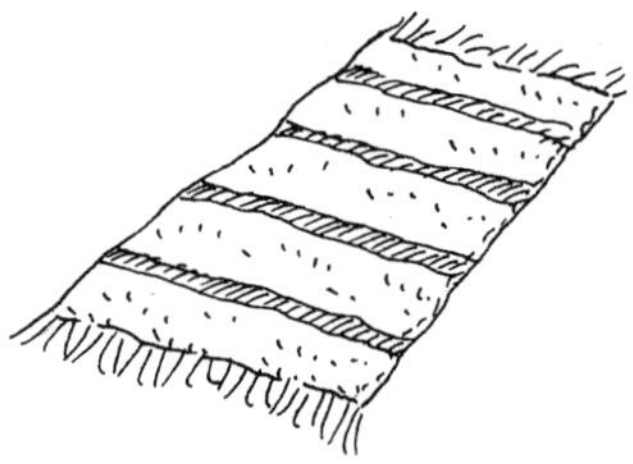

 der	 der	 das	 das	 die	 die

Auf dem Tisch

Was fehlt auf dem zweiten Bild? Kreuze an.

○ 
die Schokolade

○ 
der Teller

○ 
das Glas

○ 
das Brot

○ 
die Banane

○ 
der Käse

○ 
der Apfel

○ 
die Wurst

○ 
das Ei

○ 
die Tasse

○ 
der Saft

○ 
der Kuchen

Male die Rahmen in den richtigen Farben an:

blau: der   rot: die   grün: das

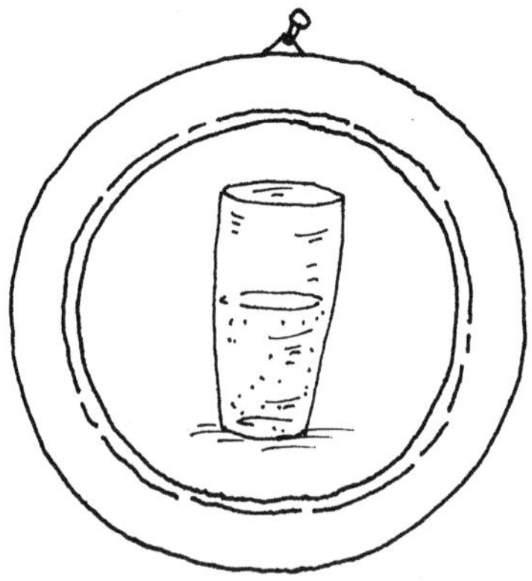

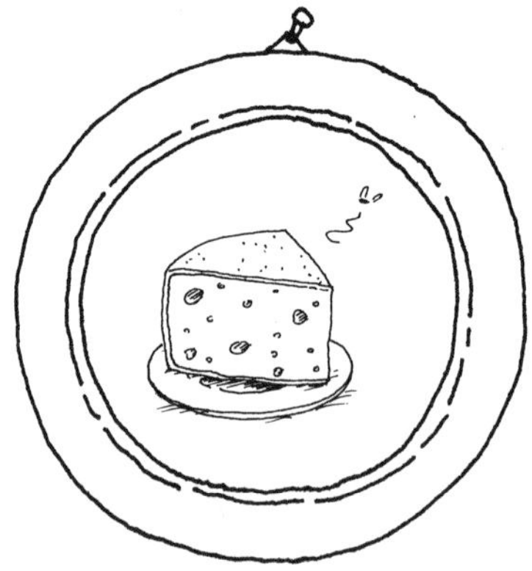

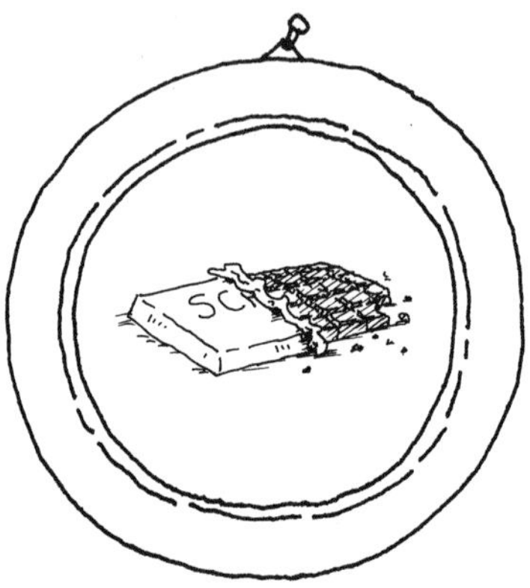

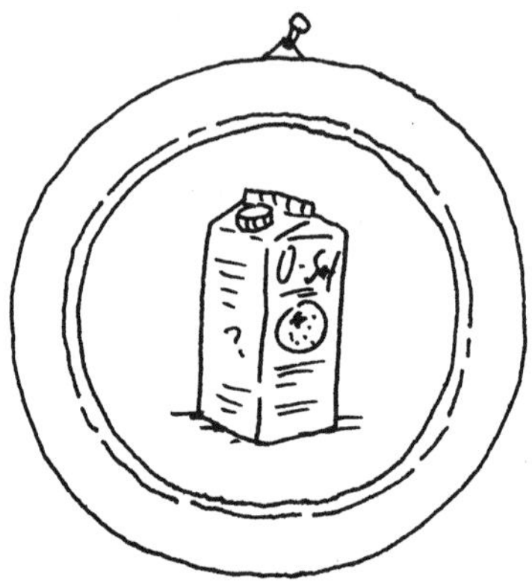

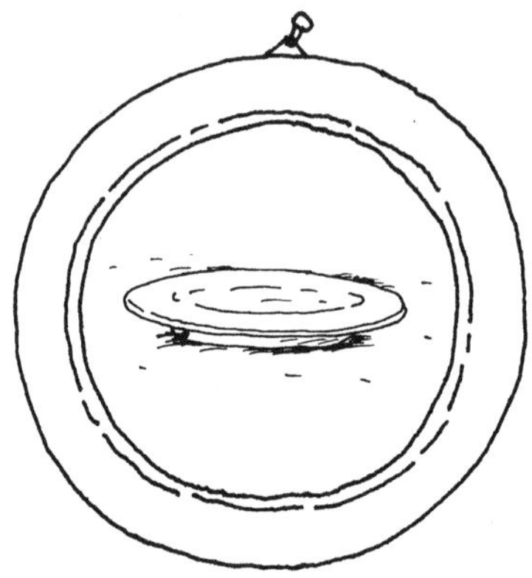

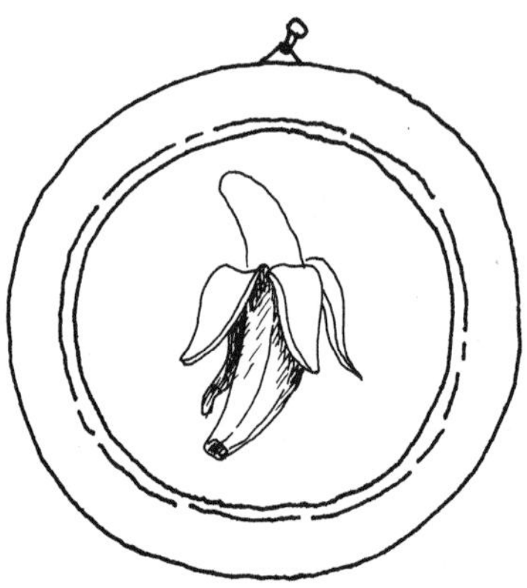

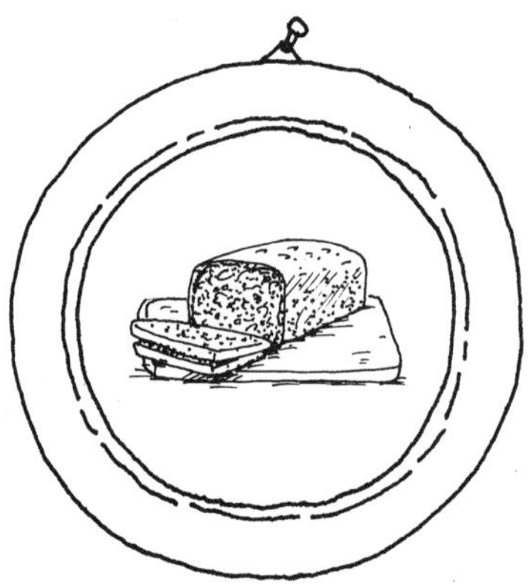

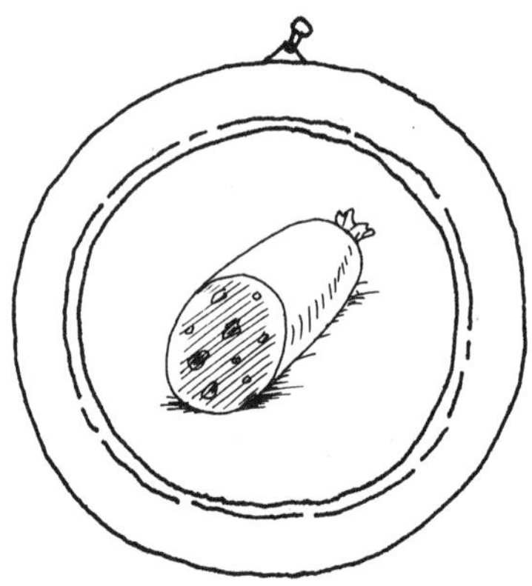

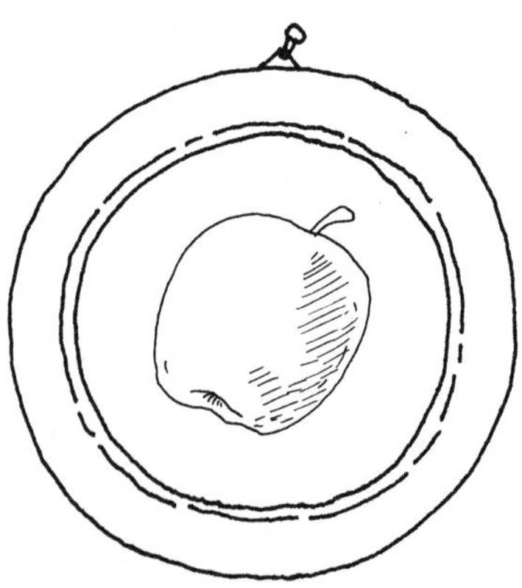

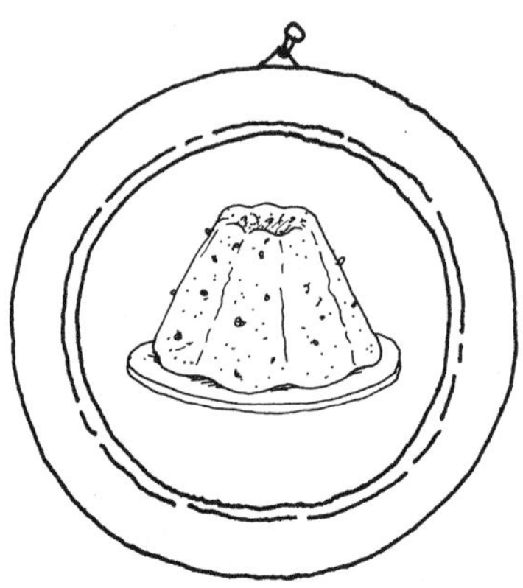

Kreise die Bilder in den richtigen Farben ein:

blau: der   rot: die   grün: das

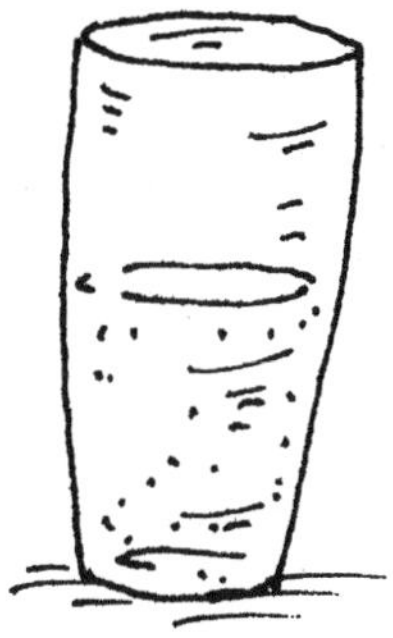

Male die Gesichter in den Häusern in den Farben an: blau: (der) rot: (die) grün: (das)

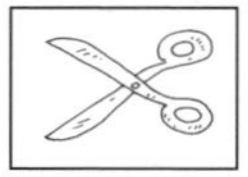
Schneide die Bilder aus.

Klebe jedes in das richtige Haus.

Kreise den richtigen Begleiter ein.

der die das

der die das 	der die das 	der die das 
der die das 	der die das 	der die das 
der die das 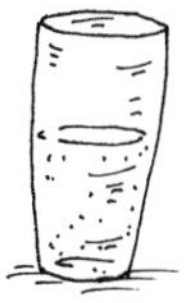	der die das 	der die das 
der die das 	der die das 	der die das 

Verbinde die Bilder mit dem richtigen Begleiter.

	der	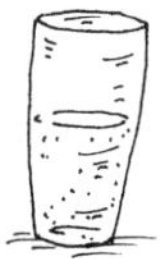

	die	
	das	
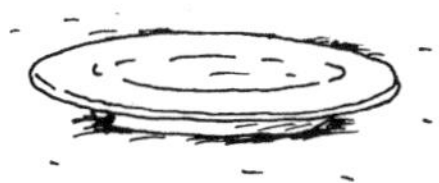		

Male den Punkt in der richtigen Farbe an:

blau: (der) rot: (die) grün: (das)

Schreibe das Wort mit dem richtigen Begleiter.

Teller ○  ____________________

Apfel ○  ____________________

Banane ○  ____________________

Glas ○  ____________________

Brot ○  ____________________

Saft ○  ____________________

Tasse ○  ____________________

Käse ○  ____________________

Wurst ○  ____________________

Kuchen ○  ____________________

Schokolade ○  ____________________

Ei ○  ____________________

Male den Punkt in der richtigen Farbe an:

blau: (der) rot: (die) grün: (das)

Schreibe den richtigen Begleiter.

_______ ○  _______ ○  _______ ○ 

_______ ○  _______ ○  _______ ○ 

_______ ○  _______ ○  _______ ○ 

_______ ○  _______ ○  _______ ○ 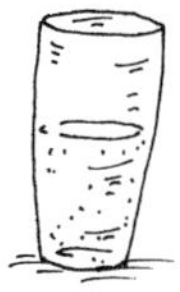

Male 6 Bilder an.

Schreibe zu jedem dieser Bilder einen Satz.

Beispiel: Der Teller ist schmutzig.

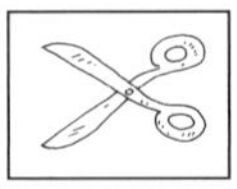

Schneide die Bilder aus.

Klebe sie in den richtigen Turm.

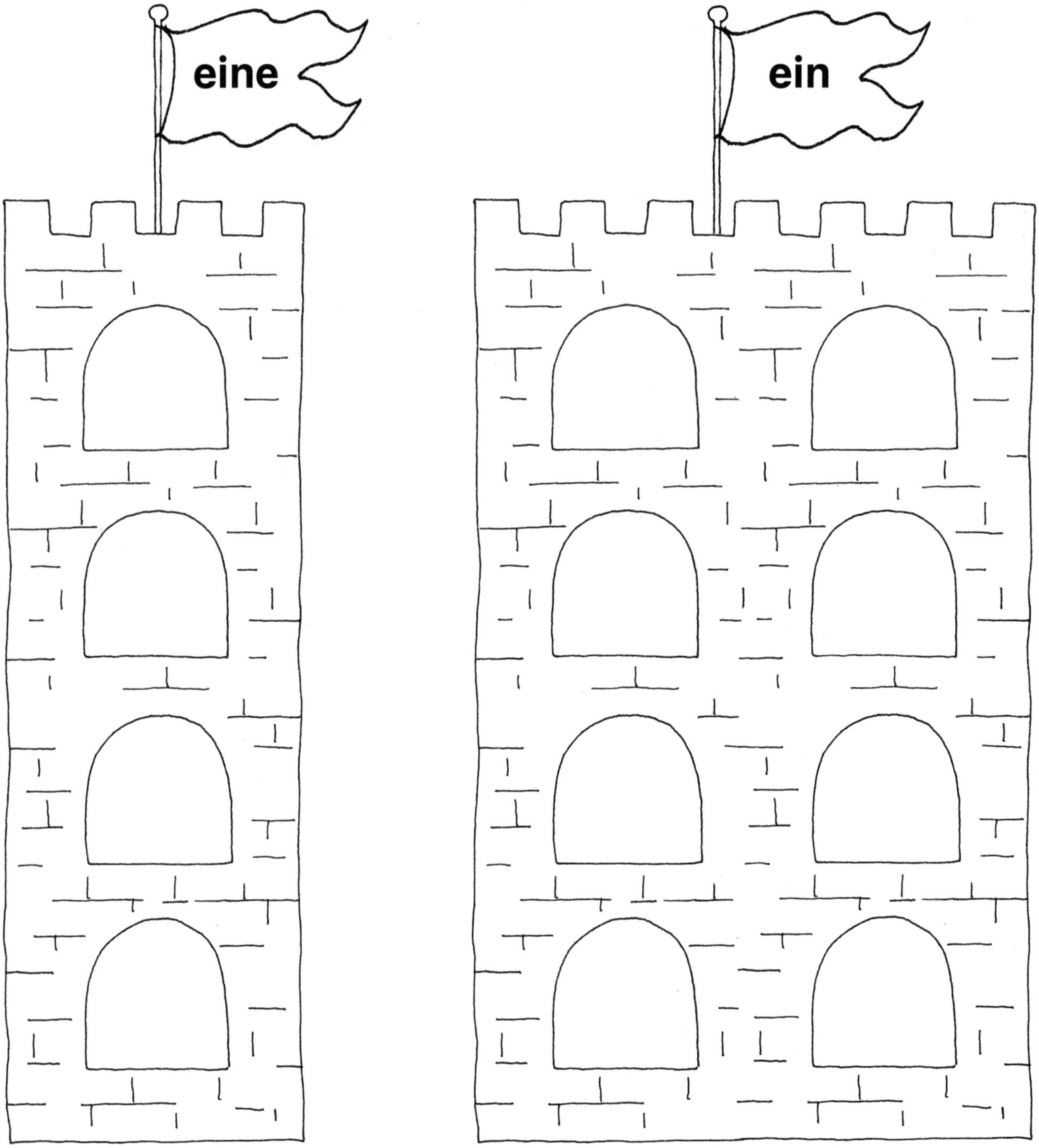

Male den Punkt in der richtigen Farbe an:

blau: (der) rot: (die) grün: (das)

○ der → ○ ein
○ die → ○ eine
○ das → ○ ein

Schreibe den bestimmten und unbestimmten Begleiter auf.

○ 	○ 	○ 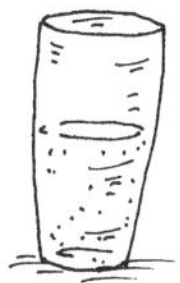
○ 	○ 	○ 
○ 	○ 	○ 
○ 	○ 	○ 

Kreise den richtigen Begleiter ein.

ein eine 	ein eine 	ein eine 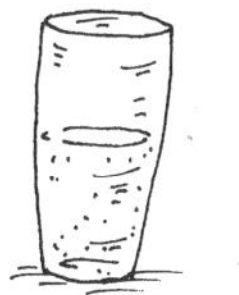
ein eine 	ein eine 	ein eine 
ein eine 	ein eine 	ein eine 
ein eine 	ein eine 	ein eine 

Was ist das? Schreibe wie im Beispiel.

Das ist eine Banane.

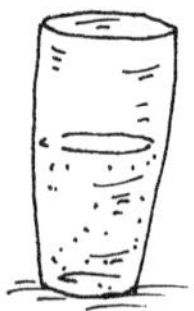

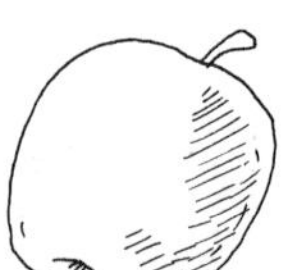

Maria Stens: Deutsch als Zweitsprache – Artikel, Präpositionen und Nomen

○ der → ○ die
○ die → ○ die
○ das → ○ die

Gib jedem Begleiter seine Farbe:

(der) blau (die) rot (das) grün und (die) gelb

Verbinde Einzahl und Mehrzahl.

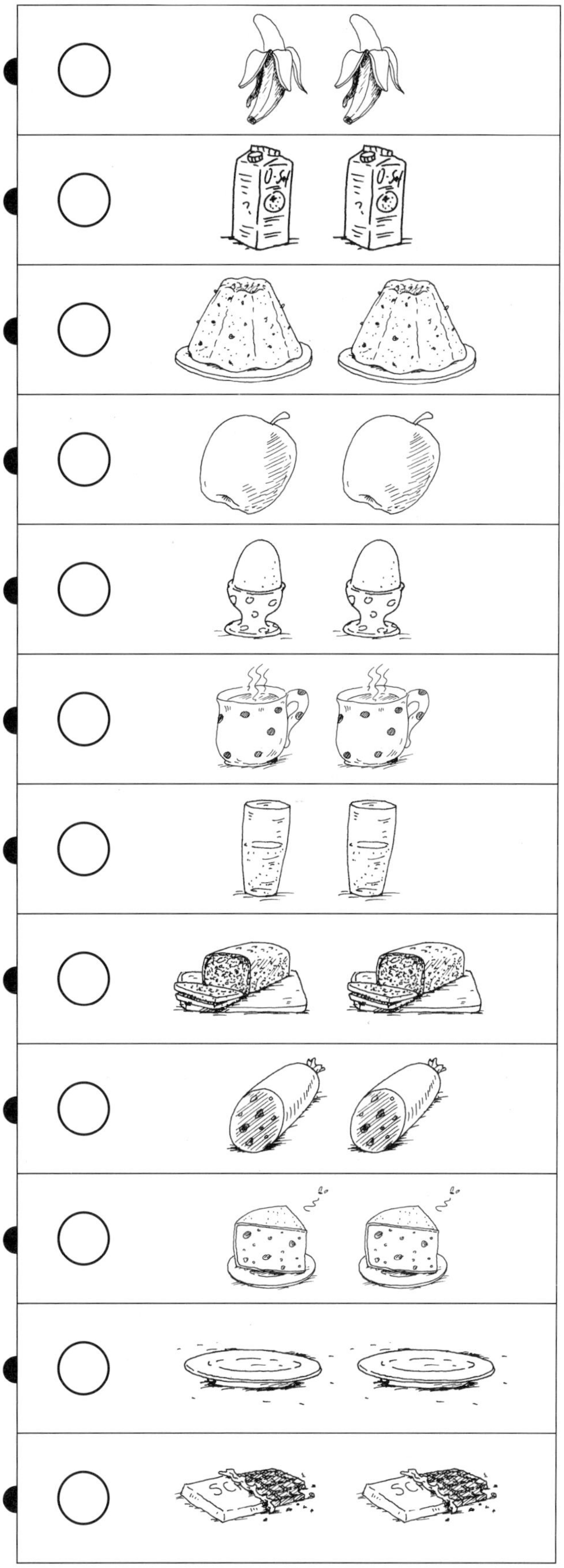

Gib jedem Begleiter seine Farbe: (die) gelb

Schreibe die Mehrzahl mit dem Begleiter auf.

○ der → ○ die
○ die → ○ die
○ das → ○ die

Gläser – Säfte – Teller – Kuchen – Bananen – Brote –
Äpfel – Tassen – Schokoladen – Würste – Eier – Käse

○ 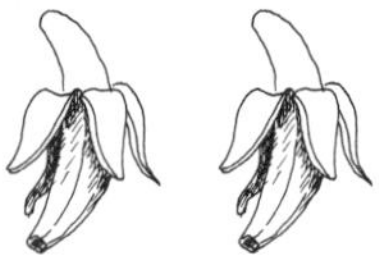 ______________________

○  ______________________

○  ______________________

○  ______________________

○ 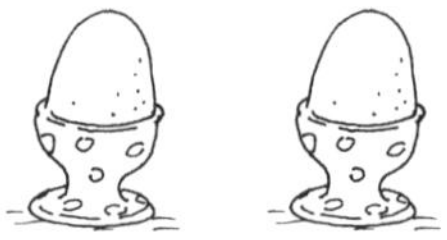 ______________________

○  ______________________

○  ______________________

○  ______________________

○  ______________________

○  ______________________

○  ______________________

○  ______________________

Wo? – Wo? – Wo ist der Floh?

vor
unter
hinter
in
zwischen
an
auf
neben

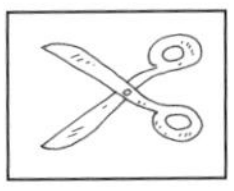 **Schneide die Bilder aus. Hör genau: Lege die Bilder an die richtige Stelle.**  **Klebe auf.**

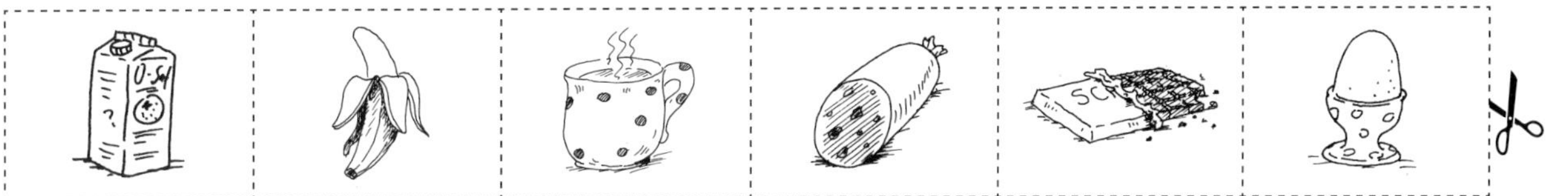

Wo ist die Wurst? Kreise ein.

neben zwischen an		in zwischen vor		unter auf vor	
hinter unter auf		vor an in		auf neben an	
neben hinter in		vor unter an			

Wo liegen die Dinge? Schreibe.

	______ 	______ 	______ 
	______ 	______ 	______ 
	______ 	______ 	______ 
	______ 	______ 	______ 
	______ 	______ 	______ 

Schreibe Sätze mit den Satzteilen.

Das Der Die	Glas Tasse Banane Schokolade Käse Wurst Saft Kuchen Teller Brot	liegt steht ist	auf unter hinter vor an in zwischen neben	dem Käse. dem Glas. dem Kuchen. der Tasse. dem Brot. der Banane. der Schokolade. dem Teller. dem Saft.

Wortschatz: Auf dem Tisch

	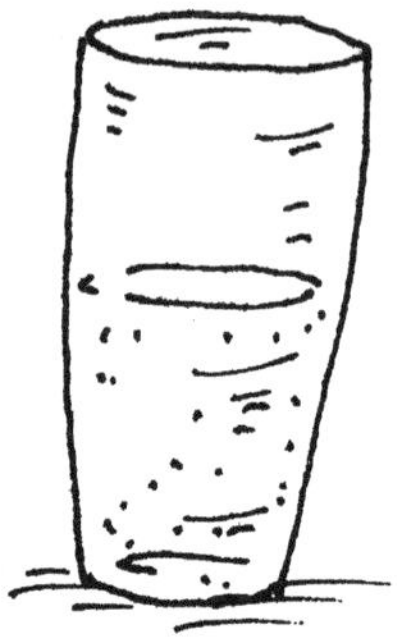	

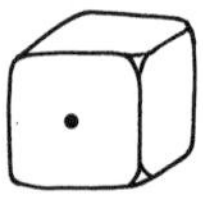 der	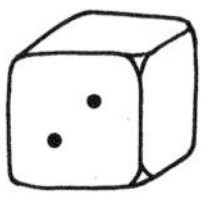 der	 das	 das	 die	 die

In der Freizeit

Was fehlt auf dem zweiten Bild? Kreuze an.

◯ 
die CD

◯ 
der Freund

◯ 
das Eis

◯ 
das Handy

◯ 
die Uhr

◯ 
der Inliner

◯ 
der Hamburger

◯ 
die Pizza

◯ 
das Fahrrad

◯ 
die Freundin

◯ 
der Laptop

◯ 
der Roller

Male die Rahmen in den richtigen Farben an:

blau: der rot: die grün: das

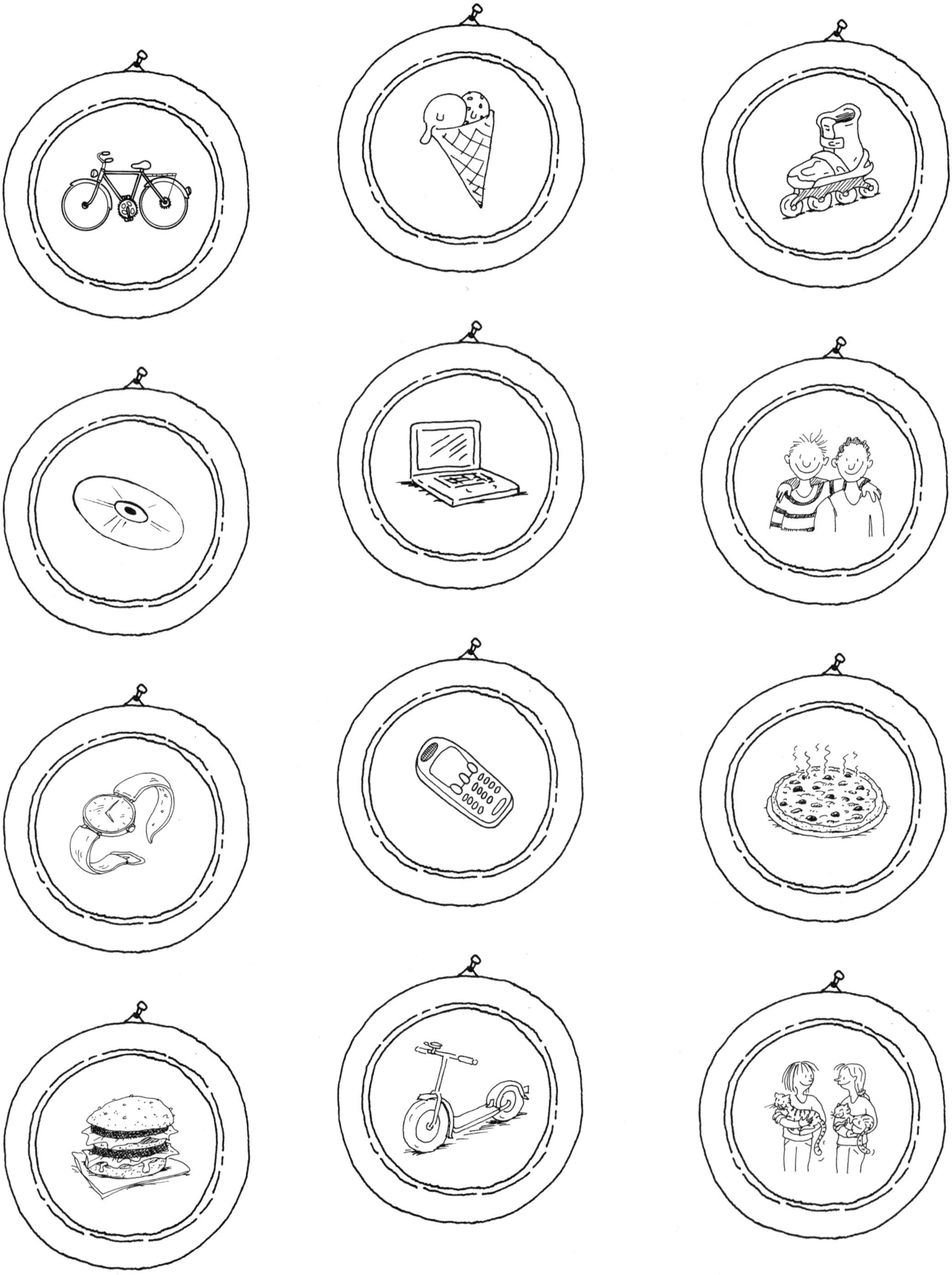

Kreise die Bilder in den richtigen Farben ein:

blau: der   rot: die   grün: das

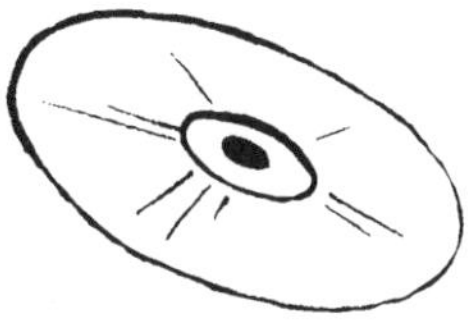

 **Male die Gesichter in den Häusern in den Farben an: blau: (der) rot: (die) grün: (das)**

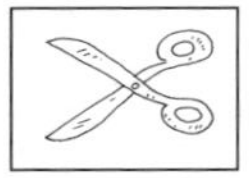 **Schneide die Bilder aus.**  **Klebe jedes in das richtige Haus.**

Kreise den richtigen Begleiter ein. (der) (die) (das)

der die das		der die das		der die das	
der die das		der die das		der die das	
der die das		der die das		der die das	
der die das		der die das		der die das	

Verbinde die Bilder mit dem richtigen Begleiter.

der

die

das

Male den Punkt in der richtigen Farbe an:

blau: (der) rot: (die) grün: (das)

Schreibe das Wort mit dem richtigen Begleiter.

Freund ◯  ______________________

Hamburger ◯  ______________________

Uhr ◯  ______________________

Eis ◯  ______________________

Handy ◯  ______________________

Laptop ◯  ______________________

Freundin ◯  ______________________

Inliner ◯  ______________________

Pizza ◯  ______________________

Roller ◯  ______________________

CD ◯  ______________________

Fahrrad ◯  ______________________

Male den Punkt in der richtigen Farbe an:

blau: (der)   rot: (die)   grün: (das)

Schreibe den richtigen Begleiter.

________ ◯    ________ ◯    ________ ◯ 

________ ◯    ________ ◯    ________ ◯ 

________ ◯    ________ ◯    ________ ◯ 

________ ◯    ________ ◯    ________ ◯ 

Male 6 Bilder an.

Schreibe zu jedem dieser Bilder einen Satz.

Beispiel: Die Pizza ist lecker.

Schneide die Bilder aus.

Klebe sie in den richtigen Turm.

Maria Stens: Deutsch als Zweitsprache – Artikel, Präpositionen und Nomen

Male den Punkt in der richtigen Farbe an:

blau: (der) rot: (die) grün: (das)

○ der → ○ ein
○ die → ○ eine
○ das → ○ ein

Schreibe den bestimmten und unbestimmten Begleiter auf.

________ ○  ________ ○  ________ ○ 

________ ○  ________ ○  ________ ○ 

________ ○  ________ ○  ________ ○ 

________ ○ 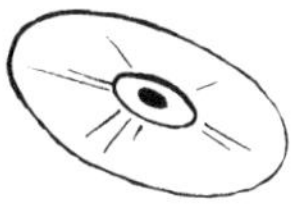 ________ ○  ________ ○ 

Kreise den richtigen Begleiter ein.

ein eine 	ein eine 	ein eine 
ein eine 	ein eine 	ein eine 
ein eine 	ein eine 	ein eine 
ein eine 	ein eine 	ein eine 

Was ist das? Schreibe wie im Beispiel.

Das ist eine Uhr.

Gib jedem Begleiter seine Farbe:

der (blau) die (rot) das (grün) und die (gelb)

○ der → ○ die
○ die → ○ die
○ das → ○ die

Verbinde Einzahl und Mehrzahl.

Gib jedem Begleiter seine Farbe: gelb **die**

Schreibe die Mehrzahl mit dem Begleiter auf.

○ der → ○ die
○ die → ○ die
○ das → ○ die

Eis – Laptops – Freunde – Roller – Uhren – Handys –
Hamburger – Freundinnen – CDs – Pizzen – Fahrräder – Inliner

○ 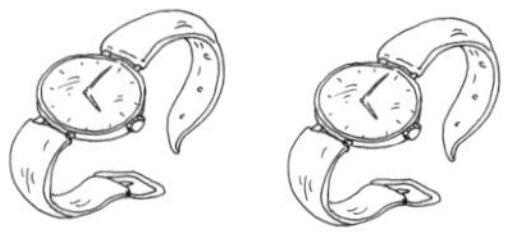 ______________________

○  ______________________

○ 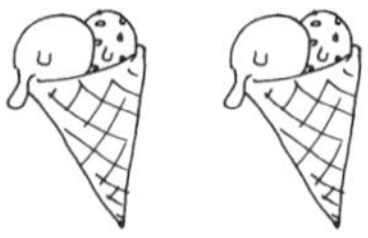 ______________________

○  ______________________

○  ______________________

○  ______________________

○ 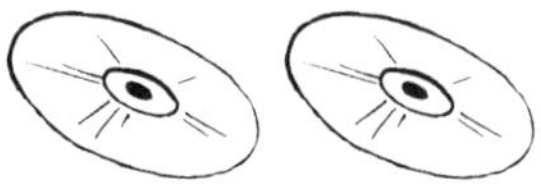 ______________________

○  ______________________

○ 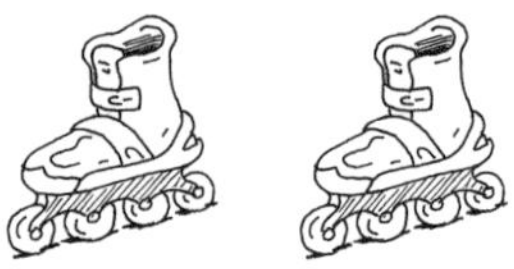 ______________________

○  ______________________

○  ______________________

○  ______________________

Wo? – Wo? – Wo ist der Floh?

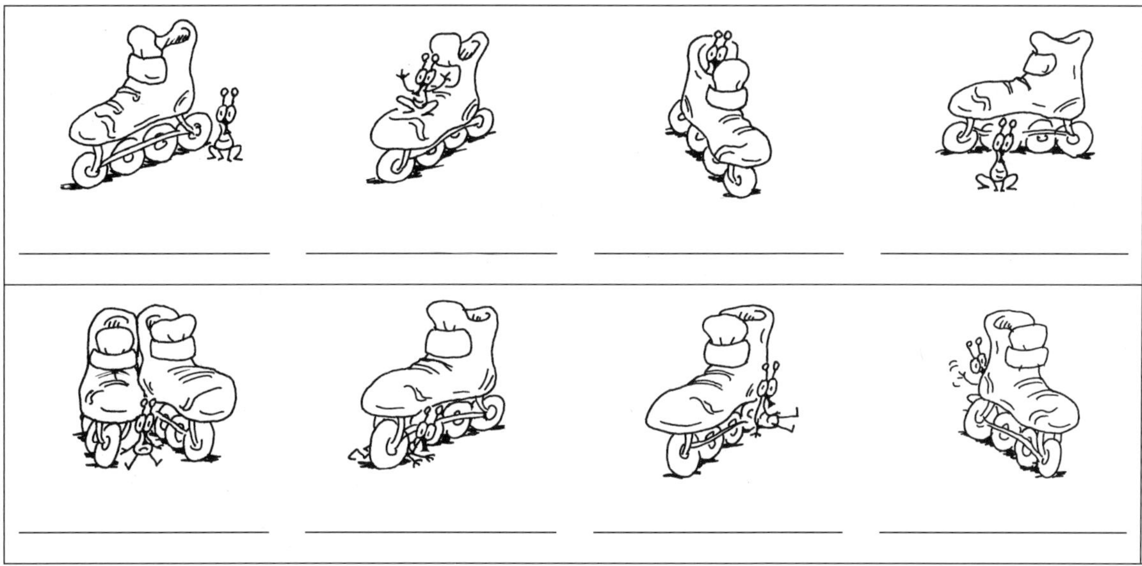

vor
unter
hinter
in
zwischen
an
auf
neben

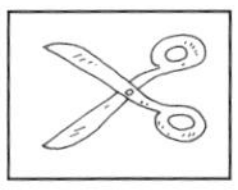 **Schneide die Bilder aus. Hör genau: Lege die Bilder an die richtige Stelle.**  **Klebe auf.**

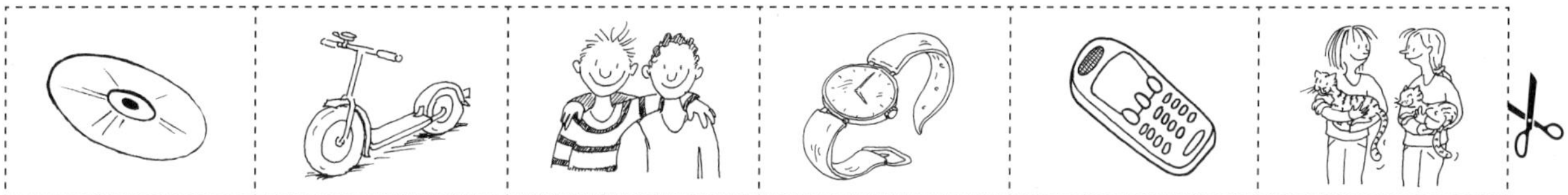

Wo ist die Uhr? Kreise ein.

neben zwischen an		in zwischen vor		unter auf an	
hinter unter auf		vor an in		auf neben hinter	
neben hinter in		vor unter an			

Wo sind die Dinge oder Personen? Schreibe.

	______ 	______ 	______ 
	______ 	______ 	______ 
	______ 	______ 	______ 
	______ 	______ 	______ 
	______ 	______ 	______ 

Schreibe Sätze mit den Satzteilen.

Das Der Die	Roller CD Uhr Inliner Freund Laptop Handy Fahrrad Freundin Eis	liegt steht sitzt ist	auf unter hinter vor an in zwischen neben	dem Inliner. dem Eis. dem Roller. der Freundin. dem Fahrrad. der Uhr. der CD. dem Handy. dem Freund. dem Laptop.

Wortschatz: In der Freizeit

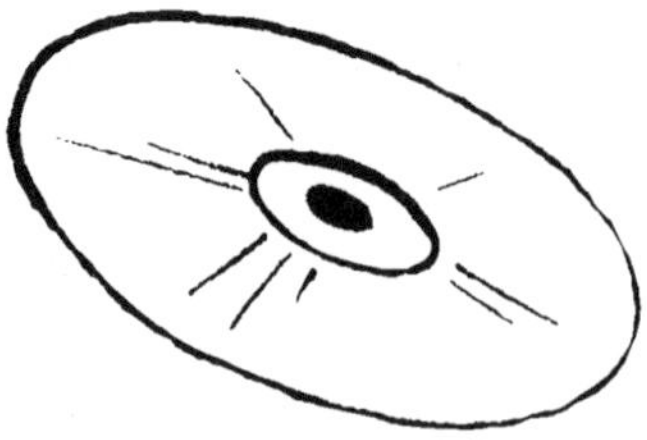

der	der	das	das	die	die